AF562043

GARDONS

NOS

CINQ POUR CENT!

AVIS

AUX RENTIERS,

PAR

UN DE LEURS COMPAGNONS D'INFORTUNE,

QUI NE VEUT PAS CROIRE

QUE QUATRE FRANCS SOIENT PRÉFÉRABLES A CINQ;

CONTENANT EN OUTRE

LA LOI SUR LA CONVERSION DES RENTES,

ET L'ORDONNANCE DU ROI Y RELATIVE.

Voulez-vous rester dans la rente? convertissez; voulez-vous plus tard sortir de la rente? convertissez: enfin craignez-vous l'intervention des compagnies étrangères? convertissez.

(*Journal de Paris du 15 mai.*)

Avez-vous mal à la tête? achetez mon spécifique; avez-vous une entorse? achetez mon spécifique; avez-vous la goutte? achetez mon spécifique.

(*Page 15.*)

PRIX : 60 CENT.

PARIS,

CHEZ LES PRINCIPAUX LIBRAIRES.

1825.

IMPRIMERIE DE SÉTIER,
Cour des Fontaines, n° 7, à Paris.

GARDONS

NOS

CINQ POUR CENT !

AVIS

AUX RENTIERS.

C'ÉTAIT en l'an de grâce 1825. On discutait aux Chambres, pour la seconde fois, la fameuse loi qui doit enrichir les rentiers, en les privant d'une partie de leur revenu ; et diminuer les charges des contribuables, en augmentant d'un milliard la dette de l'État.

En ma qualité de rentier, et surtout en celle d'amateur de nouveaux systèmes, je ne perdais rien de ce qui se disait à ce sujet. Bien des fois victime de mon enthousiasme pour les belles découvertes, j'étais devenu un peu plus prudent. J'avais peine à croire qu'en rognant un cinquième de ma rente, j'augmenterais ma fortune d'un tiers, comme le répétaient chaque jour trois ou quatre honnêtes journalistes qui probablement n'avaient rien à perdre. Je me rappelais cette réduction de deux tiers que la République, dans sa philanthropie, nous avait fait subir, et je cherchais vainement l'avantage qui en était résulté pour moi. Je n'avais pas oublié non plus feu M. Law qui était venu tout exprès, du fond de l'Écosse, nous proposer, moyennant la simple bagatelle de cinq cents francs, des millions à prendre sur les brouillards du Mississipi.

Cependant, me disais-je, tout se perfectionne : les lumières ont fait des progrès immenses depuis un quart de siècle. Peut-être le nouveau projet est-il destiné à rendre aux rentiers ce que leur ont fait perdre le tiers consolidé et l'abbé Terray. D'ailleurs, tout est compensation dans ce bas-monde, comme l'a fort bien prouvé M. Azaïs. N'en doutons pas, monseigneur de Villèle est le messie des rentiers. Pourquoi proposerait-il une mesure injuste, lui qui est tout-à-fait désintéressé dans la question ! Je suis persuadé qu'il a de fort bonnes choses à dire en faveur de son opinion : il faut que je l'entende de mes propres oreilles.

Un beau matin je quitte la rue du *Roi doré*, au Marais, où l'essai de nouveaux systèmes m'a forcé de résider, et je m'achemine vers la Chambre des Députés. Un Monsieur, que je ne connais pas, lut un fort long discours pour prouver l'avantage de la conversion des rentes. Je ne compris pas bien ce qu'il dit, mais je m'aperçus qu'il avait en vue le bien public et celui des rentiers. Un autre Monsieur parla dans un sens opposé. Alors se présenta à la tribune monseigneur de Villèle! Que ne puis-je rendre tout ce qu'il dit dans son mémorable discours! Il pulvérisa ses adversaires. Il prouva d'abord que l'intérêt de l'argent est à quatre pour cent en France, quoique plusieurs lois viennent d'autoriser des villes à emprunter à cinq. Il fit voir ensuite que la nouvelle loi ne faciliterait pas l'agiotage, parce que les spéculateurs achèteraient du 3 pour cent, pour le simple plaisir d'avoir cette valeur, sans chercher à en faire varier le taux. Enfin, il démontra, par A plus B, qu'il vaut mieux avoir 4 francs de rente que 5. A la vérité, disait-il, votre revenu diminuera d'un cinquième, mais votre capital pourra augmenter d'un tiers : convertissez donc vos cinq en quatre pour cent. Il dit encore de fort belles choses que je ne puis me rappeler. J'en fus si enchanté que, si on ne m'en eût empêché, je criais tout haut : *Vive monseigneur de Villèle, le sauveur des rentiers !* Ah! s'il était permis d'embrasser une Excellence, comme j'aurais pressé dans mes bras le bon ministre qui descendait de la tribune!

Ce discours me fit faire de grandes réflexions. Je me dis : Puisque l'on me démontre cette année que 4 francs valent mieux que 5 francs, l'an prochain on me prouvera que 3 valent mieux que 4, ensuite que 2 valent mieux que 3, et enfin, que 1 est préférable à 2 ; par conséquent à 3, à 4 et à 5 : ô puissance du génie! en voilà un système ; et sur cela, mon imagination s'échauffant, je formais déjà mille projets. Dans trois ans, mes

500 francs de rente seront doublés ; je quitterai mon sixième de la rue du *Roi doré*, et je me rapprocherai du Jardin Turc, où je me permettrai quelquefois le petit verre d'eau-de-vie. Je lirai chaque jour le Journal de Paris et la bonne Gazette, en reconnaissance du zèle avec lequel ils ont soutenu les intérêts des rentiers. Dans les jours de fête, je dînerai à 32 sous; l'âge d'or, enfin, va renaître pour moi ; et je devrai tout cela à monseigneur de Villèle. O le grand homme ! je vais proposer aux rentiers, mes confrères, une souscription pour lui élever une statue.

Je croyais qu'après le discours que je venais d'entendre, on allait de suite voter par acclamation une loi aussi salutaire. Pas du tout : un orateur demanda à répondre au ministre. Oh ! si j'avais été du nombre de ces Messieurs qui ne siègent ni à droite, ni à gauche, comme j'aurais crié : *la clôture* ! car que pouvait-on répondre à monseigneur de Villèle ! Pourquoi retarder l'avantage offert aux rentiers ? Cependant on eut la barbarie de renvoyer la suite de la discussion.

Je regagnai mon modeste domicile, persuadé qu'on voterait le lendemain la mesure proposée. J'avais tellement l'esprit rempli de ce dont j'avais été témoin, que je ne rêvai que 3 pour cent, 75. Je voyais déjà mon capital doublé, grâces aux 3 pour cent, 75. Oh ! la belle chose que les 3 pour cent ; je répondais à ceux qui me parlaient : Avez-vous du cinq pour cent ? changez-le pour du 3 pour cent, 75. J'arrivai chez moi en faisant mille projets et en murmurant contre le 5 pour cent. Comment a-t-on pu créer du cinq pour cent! Dans quelle cervelle une idée semblable a-t-elle pu croître! Vive le 3 pour cent, 75! Dans ma colère contre le 5 pour cent, j'aurais déchiré mon inscription, si je ne m'étais rappelé qu'elle me serait nécessaire pour convertir en 3 pour cent.

Comme je ne doutais pas qu'à l'aide de cette conversion je pourrais me loger plus convenablement, j'allai aussitôt prévenir mon propriétaire que je quitterais ma chambre.

Pourrais-je savoir, me dit M. Bernard, d'où provient cet heureux changement que vous m'annoncez dans votre position? Si vous lisez les journaux, répondis-je, vous connaissez le sublime projet de conversion des rentes, et c'est ce projet qui me promet un avenir plus heureux. Je ne suis pas rentier, me dit M. Bernard: j'ai acheté des maisons dont je tire assez bon parti. Je m'occupe peu de finances; cependant j'ai entendu parler du nouveau projet, et je ne l'ai pas compris. Vous me feriez beaucoup de plaisir en me l'expliquant. — Rien de plus simple, M. Bernard, que cette admirable conception. Supposez, par exemple, que vous avez 5 francs de rente sur le Grand-Livre de la dette publique; vous savez que le Gouvernement aurait le droit de vous rembourser, en vous donnant cent francs, quoique la Chambre des Pairs ait osé décider le contraire. —

Je ne m'en doutais pas. — Cela est démontré d'une manière fort claire, ajoutai-je, et la Chambre des Députés vous le prouverait encore au besoin ; mais les ministres, ne voulant pas user de ce droit, vous font, dans votre intérêt, une proposition très-amiable. Ils vous disent : faites-nous le plaisir de nous céder un cinquième de votre rente, nous augmenterons d'un tiers votre capital. Or, comme un tiers est préférable à un cinquième, il est évident que la proposition est en faveur des rentiers. Ainsi vous, M. Bernard, qui avez 5 francs de rente, en les convertissant il vous en restera 4 pour lesquels on vous délivrera deux inscriptions; l'une de 3 fr. au capital nominal de 100 fr., et une autre de 1 fr., au capital du tiers de 100 fr.; c'est-à-dire de 33 fr.; d'où il suit que vous serez alors possesseur d'une rente dont le capital ne pourra vous être remboursé à moins de 133 francs. Si, l'an prochain, on diminue encore votre rente d'un franc, on en augmentera le capital d'un tiers, ce qui, pour 3 francs, vous donnera un capital de 178 fr.; et après deux autres petites réductions semblables, vous n'aurez plus qu'un franc ou 20 sous de revenu; mais vous aurez 316 francs de capital en espérance, tandis qu'en gardant vos cinq vous ne pouvez prétendre qu'à 100! Vous concevez que tous les rentiers vont s'empresser de convertir. Tout le monde voudra du trois pour cent : ce sera une fureur!

Eh bien! moi, dit M. Bernard, je n'en voudrais pas. Que m'importe d'avoir un capital fictif de 316 fr. si je n'ai qu'un franc de revenu. Prouvez-moi donc qu'avec ma pièce de 20 sous j'aurai alors plus de marchandises que je n'en aurais maintenant avec une de 5 francs, et je serai d'accord avec vous. Suivant vos calculs, mon cher locataire, dans quelques années vos 500 francs de rente seront réduits à 100. — Oui, lui dis-je, mais mon capital sera de 31,600 fr. — En sorte, ajouta-t-il, que la dette publique, qui est maintenant d'environ 150 millions, au capital de trois milliards, ne sera plus, après quatre réductions, que de 30 millions, au capital de neuf milliards quatre cent quatre-vingt millions de francs. Et où prendrez-vous, s'il vous plaît, de l'argent pour acquitter cette énorme dette? Tous les trésors du Pérou ne suffiraient pas. — Peu nous importe, lui dis-je : ce n'est pas là la question ; nos petits neveux s'arrangeront comme ils voudront. Quant à nous, nous aurons obtenu deux grands résultats : d'abord celui de faire baisser l'intérêt, puisque 316 francs ne rapporteront plus qu'un fr., et ensuite d'augmenter la fortune de chacun. Celui qui aura mille francs de rente sur le grand livre, ne dira plus : j'ai un revenu de mille francs, mais bien : j'ai un capital de 316 mille francs, ce qui est bien différent. Tout le monde sera riche à peu de frais. Vous vous effrayez du capital de la dette publique, après quatre conversions ; mais songez donc que plus on doit plus on est riche. Voyez l'Angleterre dont le capital de la dette est maintenant de 23 milliards, tandis qu'en 1793, il n'était que de cinq milliards. Mais, sans aller si loin, jetez les yeux sur quelques-uns de nos compatriotes : vous reconnaîtrez que la plupart n'ont de considération qu'en raison de leurs emprunts. Tel qui doit six millions, mène un grand train et ne possède peut-être pas cinquante mille francs : voilà le bon système. C'était celui de feu Schneider, l'inventeur des fromages de Gruyère : au moyen d'emprunts continuels, il payait régulièrement les intérêts; il vécut dans l'opulence et mourut insolvable. Or, comme un gouvernement ne meurt jamais, il lui suffit de payer les intérêts de sa dette; peu lui importe la masse du capital, puisqu'il n'est pas forcé de le rembourser et qu'il peut contraindre de l'accepter quand cela lui plaît. Aussi vous le voyez, M. Bernard, le projet est aussi moral qu'avantageux à la nation. Vendez donc vos maisons, achetez du 3 pour cent, et bénissez monseigneur de Villèle.

M. Bernard, à mon grand étonnement, ne fut point touché de mon raisonnement; il me dit même que, par amitié pour moi, il n'acceptait point le congé que je lui proposais, parce qu'il était sûr que je ne profiterais point de l'avantage que m'offrait le nouveau projet, et que d'ailleurs le peu d'empressement que mettraient les rentiers, mes confrères, à adopter cette mesure, réfroidirait bientôt mon enthousiasme.

Je sortis tout en colère, et ne concevant pas comment un propriétaire n'échangeait pas ses maisons contre du 3 pour cent.

Je me promis bien néanmoins de ne pas rester le locataire de M. Bernard. Comment, en effet, habiter la maison d'un homme qui ne sent pas toutes les beautés du 3 pour cent!

Cependant la discussion continuait aux Chambres, et ce ne fut qu'après un mois de la plus cruelle attente, que l'adoption tant désirée eut lieu. Je courus en toute hâte au trésor, car je me rappelais ces paroles de l'oracle de la rue de la Monnaie : « Les rentiers s'empresseront à l'envi de » profiter du *bénéfice* que leur offre la loi ; les bu- » reaux seront *encombrés.* » (*Journal de Paris du* 25 *mai.*)

Je m'attendais à trouver dans la rue Vivienne, une queue de rentiers aussi longue que celle qui assiége le Théâtre Français, lorsque monsieur Talma veut bien se montrer au public. Ma surprise ne fut pas petite quand je pus monter l'escalier du trésor plus facilement que celui de ma chambre.

Au moment où j'entrais, je me sentis frapper sur l'épaule. C'était un ancien camarade de collége que je n'avais pas vu depuis dix ans. Après les complimens d'usage, je lui dis : tu viens sans doute de convertir tes rentes en 3 pour cent? je viens pour en faire autant. Y a-t-il beaucoup de monde? pourrai-je être expédié aujourd'hui? — Au contraire, me dit-il, je viens de placer quelques économies en cinq pour cent. — Tu arrives donc de la Chine! ajoutai-je : tu ne connais pas la nouvelle loi. — C'est parce que je la connais, que je ne veux pas de trois pour cent. Je crois, ajouta-t-il que, malgré la triste expérience que tu as faite des nouveaux systèmes et des découvertes, tu ne t'es pas corrigé. Tu as cependant bien des raisons pour être sage; la plus grande partie de ta fortune a été consommée en expériences qui ne t'ont pas rendu plus prudent. Te rappelles-tu ce charlatan avec lequel tu t'étais associé pour fabriquer du vin de Madère avec de l'eau de fontaine? — Hélas! dis-je, il ne m'en souvient que trop, ainsi que de ma fabrique de poëles au moyen desquels on chauffait un appartement avec un paquet d'allumettes; et les marmites à faire de la soupe sans feu, et le sucre de betterave, etc. J'avoue que j'ai fait quelques folies; mais, grâces au projet de monseigneur de Villèle, j'espère que mes affaires vont se rétablir. Et, là-dessus, je racontai à mon ancien camarade toutes mes espérances, et je lui reproduisis les raisonnemens que j'avais employés vis-à-vis de mon propriétaire. Il rit beaucoup et me dit: allons dîner ensemble, et tu verras si, la loi de réduction à la main, tu peux obliger le restaurateur à diminuer d'un cinquième le prix de notre dîné. — La loi, lui dis-je, est encore trop nouvelle, mais tu verras qu'elle produira cet effet; car l'intérêt étant contraint de baisser, les autres marchandises baisseront à proportion. — Crois-tu, dit-il, que M. de Villèle puisse commander à l'intérêt de baisser, comme il commande à ses journaux de chanter ses louanges? Il est si peu vrai que l'intérêt n'est pas diminué, que la ville de Reims vient d'être autorisée à emprunter 80,000 fr. à 5 pour cent, pour fournir aux frais des fêtes qu'elle donnera pour le sacre. L'occasion était belle : pourquoi nos seigneurs les ministres n'ont-ils pas prêté eux-mêmes cette somme à 4 ou même à 3 pour cent ?—Tu me parleras peut-être de l'augmentation de capital qu'offre la nouvelle loi, mais, je te le demande de nouveau, que fait au rentier cette augmentation qui d'ailleurs n'est que fictive, et que tu ne peux contraindre le gouvernement à rembourser ? Au reste tu verras si le 3 pour cent prend un essor aussi prodigieux qu'on veut bien nous le prédire.

Cela est évident, lui dis-je : tous les étrangers vont accourir chez nous. Les Anglais, par exemple, aimeront mieux payer chez nous 75 ce qu'ils payent chez eux 92 et 93. — Alors je te demanderai pourquoi ces mêmes étrangers n'accaparaient pas notre 5 pour cent, quand il n'était pas menacé du remboursement. Cette valeur serait montée à 120, car il est évident que 5 fr. de rente pour 120 fr., sont préférables à 3 fr. pour 93 fr. Cependant nos 5 pour cent n'ont jamais passé 107 fr., et l'on sait encore par quels moyens ils sont parvenus à ce taux. On peut donc assurer que le 3 pour cent ne s'élèvera pas beaucoup au-dessus de 75, taux de son émission. Alors, me rappelant ce que j'avais entendu des admirateurs du projet, je lui dis : tu ne sais donc pas que l'amortissement ne doit s'opérer que sur le 3 pour cent, et, comme le dit très-éloquemment le journal de Paris (*8 mai*), le cinq pour cent est une valeur *morte* : c'est un malade que son médecin abandonne. Oui, dit mon camarade, je sais très-bien que, par la loi nouvelle, la caisse d'amortissement ne doit employer les 40 millions qu'elle reçoit chaque année des contribuables, qu'à racheter des rentes au-dessus du *pair*, c'est-à-dire, au-dessus de ce que nos seigneurs les Ministres veulent bien appeler le *pair*. Mais expliquez-nous donc ce que vous entendez par ce mot magique au moyen duquel vous fermez la bouche à ceux qui se permettent quelques observations sur votre projet. Prouvez-nous qu'il est plus avantageux à la nation de se libérer d'une charge de 3 fr. pour 99 fr. que de se rédimer d'une autre charge de 5 fr. pour 101 fr.; alors nous serons d'accord. Disons-le : le mot *pair* est un mot vide de sens ; car s'il eût plu à ceux qui ont créé le 5 pour cent, de créer du 5 pour 130 ou 140, nos rentes n'auraient pas atteint le *pair* dans ce moment, et l'action de la caisse d'amortissement s'exercerait encore sur le 5 pour cent. De même si la loi nouvelle, au lieu de fabriquer du 3 pour cent, eût fabriqué du 3 pour 160 par exemple, s'ensuivrait-il que les contribuables dussent racheter ces rentes à 159, si l'agiotage les faisait monter à ce taux? Répétons-le de nouveau : tant qu'on n'aura pas démontré qu'une charge de 5 est moins onéreuse qu'une de 3, on n'aura rien prouvé en faveur de l'emploi qu'on se propose de faire de la dotation de la caisse d'amortissement sur le 3 pour cent ; nous verrons dans quelques jours la consistance que prendra la rente de nouvelle fabrique. Nous verrons si, comme l'a dit le Ministre des finances (*Moniteur du 6 avril*), il y a un inconvénient très-grand pour un état d'avoir une dette *compacte*, mot très-heureusement trouvé. Il sera sans doute beaucoup plus agréable pour les amateurs, d'avoir à choisir entre le 5, le 4 1/2 et le 3 pour cent. Avant la loi nouvelle on ne pouvait acheter que du 5 ; maintenant tous les goûts seront satisfaits.

Mon ami s'échauffait, et mon opinion commençait à varier, cependant je lui dis : écoute un grand publiciste qui est tout-à-fait désintéressé dans la question, et que le bien public seul dirige. Après avoir adressé une allocution toute paternelle aux rentiers, il ajoute : (*journal de Paris du 13 mai*) « Voulez-vous rester dans la rente ? convertissez ; » voulez-vous, plus tard, sortir de la rente ? convertissez : enfin, craignez-vous l'intervention des » compagnies étrangères ? convertissez. » De sorte qu'il faut toujours convertir; il n'y a pas à choisir. Ton grand publiciste me rappelle ces charlatans qui nous disent : « Avez-vous mal à la tête ? achetez » mon spécifique ; avez-vous une entorse ? achetez » mon spécifique; avez-vous la goutte ? achetez mon » spécifique. » Même charlatanisme dans ton grand publiciste et dans le marchand de spécifique : ni l'un ni l'autre ne croit ce qu'il dit, mais ils trouvent tous les deux leur compte à parler ainsi. Suis le conseil que te dicte la prudence. Puisque la loi accorde la faculté de convertir jusqu'au 5 août, attends quelques jours, et si le 3 pour cent monte, tu exécuteras ton projet. En attendant viens dîner souvent avec moi ; nous causerons finances, et tu ne diminueras pas ton revenu.

Ce n'est pas sans répugnance que je consentis à différer; mais la proposition était si obligeante, que je remis, cependant avec chagrin, mon inscription dans mon porte-feuille, bien persuadé que, sous peu de jours, les événemens forceraient mon ami à revenir de sa prévention.

Eh bien! me dit-il hier, voilà près de deux mois que le 3 pour cent est né: est-il bien grand pour son âge? Il n'a jamais passé le taux de son émission et cependant l'amortissement ne s'exerce que sur lui, le 5 pour cent étant au-dessus du pair. Que deviendra-t-il lorsque les 30 millions de rentes, 3 pour cent créés par la loi d'indemnité, seront inscrits. L'action de l'amortissement sera moins sensible, puisqu'il s'exercera sur une masse plus considérable. Les étrangers sont-ils accourus chez nous, comme le prédisaient tes journaux favoris? Le moment était pourtant le plus favorable. Je ne te parle pas du 4 1/2 qui n'a été coté que deux fois à la bourse. On doit conclure de tout cela que chacun garde son 5 pour cent et que nous ferions bien d'en faire autant. Si tu crains le remboursement de la part du gouvernement, rappelle-toi qu'il faut une loi à ce sujet; et tu sais le sort qu'éprouva à la Chambre des Pairs celle qu'on y présenta l'an dernier. Et, quand cette loi existerait, si tous les rentiers acceptaient leur remboursement, tous les trésors des banquiers de l'Europe entière ne suffiraient pas.

Ces réflexions, et ce que je voyais depuis deux mois, me dessillèrent entièrement les yeux, et je m'écriai : gardons nos cinq pour cent !

LOI

SUR LA DETTE PUBLIQUE ET L'AMORTISSEMENT,

Du 1er Mai 1825.

Charles, etc.

Art. 1er. Les rentes acquises par la caisse d'amortissement depuis son établissement jusqu'au 22 juin 1825, ne pourront être annulées ni distraites de leur affectation, au rachat de la dette publique, avant le 22 juin 1830.

2. Les rentes qui seront acquises par la caisse d'amortissement, à dater du 22 juin 1825, jusqu'au 22 juin 1830, seront rayées du grand-livre de la dette publique au fur et à mesure de leur rachat, et annulées au profit de l'Etat, ainsi que les coupons d'intérêt qui y seront attachés au moment où elles seront acquises.

3. A dater de la publication de la présente loi, les sommes affectées à l'amortissement ne pourront plus être employées au rachat des fonds publics dont le cours serait supérieur au pair.

Les rachats que fera la caisse d'amortissement n'auront lieu qu'avec concurrence et publicité.

4. Les propriétaires d'inscriptions de rente cinq pour cent sur l'Etat auront, durant trois mois, a

dater du jour de la publication de la présente loi, la faculté d'en requérir, du Ministre des finances, la conversion en inscriptions de rente 3 pour cent, au taux de 75 fr.; et, à dater du même jour de la publication de la loi, jusqu'au 22 septembre 1825, la faculté de requérir cette conversion en 4 1/2 pour cent au pair, avec garantie contre le remboursement, jusqu'au 22 septembre 1835. Les rentes ainsi converties continueront à jouir des intérêts à cinq pour cent jusqu'au 22 décembre 1825.

5. Les sommes provenant de la diminution des intérêts de la dette, par suite des conversions autorisées par l'article précédent, seront appliquées à réduire, dès l'année 1826, d'un nombre de centimes additionnels correspondans, les contributions foncière, personnelle, mobilière et des portes et fenêtres. A cet effet l'état du produit annuel de la diminution de ces intérêts sera dressé par le Ministre des finances, le 1er octobre 1825, et servira de base aux dispositions de l'ordonnance royale qui réalisera, sur les rôles de 1826, le dégrèvement accordé par la présente loi.

La présente loi discutée, etc.

Signé CHARLES.

ORDONNANCE DU ROI.

CHARLES, etc.

Vu l'article 4 de la loi du 1er mai 1825, qui donne aux propriétaires de rentes 5 pour cent consolidés, la faculté d'en acquérir la conversion en inscriptions de rentes 3 pour cent, au taux de 75 fr., ou de quatre et demi pour cent, au pair, avec garantie contre le remboursement jusqu'au 22 septembre 1835;

Voulant régler le mode d'après lequel les propriétaires actuels d'inscriptions de 5 pour cent consolidés, pourront user de cette faculté.

Nous avons ordonné et ordonnons ce qui suit :

Art. 1er. Les propriétaires de rentes 5 pour cent consolidés, qui voudront les convertir en 3 ou en 4 et demi pour cent, aux conditions exprimées dans la loi du 1er. mai 1825, seront admis à déposer leurs extraits d'inscriptions à notre trésor royal, à compter du 6 mai courant, et à en obtenir l'échange immédiat contre de nouveaux titres, après transfert de la nouvelle rente, au livre des 3 ou des 4 et demi pour cent.

2. Les extraits d'inscriptions déposés pour cette conversion seront accompagnés d'une demande dans la forme du modèle ci-annexé, et revêtus de la signature duement certifiée du propriétaire de la rente, ou d'un fondé de procuration, la-

quelle sera spéciale pour la conversion, ou contiendra pouvoir de vendre.

3. Les inscriptions de 3 pour cent provenant de conversion, porteront jouissance du 22 juin 1825; il sera remis aux propriétaires un certificat d'arrérages, tant pour les trois mois courus du 22 mars au 21 juin 1825, que pour la portion d'intérêts payables à raison de 5 pour cent, jusqu'au 22 décembre prochain, conformément au dernier paragraphe de l'art. 4 de la loi.

Le montant de ce certificat sera acquitté au 22 juin 1825, pour les conversions opérées antérieurement à cette époque, et, pour les autres, au moment de l'échange des titres. Les arrérages des rentes converties en 4 et demi pour cent, continueront d'être payables aux échéances des 22 mars et 22 septembre de chaque année.

4. Les nouveaux livres des 3 et des 4 et demi pour cent ne devant, conformément aux règles prescrites pour la tenue des écritures de la dette inscrite, contenir aucune fraction de franc, celles qui pourront résulter de la réduction de l'intérêt dans les nouvelles inscriptions, seront remboursées au moment de l'échange des titres, et formeront un article additionnel au certificat d'arrérages énoncé dans l'article précédent.

5. Les extraits d'inscriptions déposés pourront, sur la demande des parties, être timbrés des mots *convertis en 3 ou en 4 et demi pour cent*, et leur tenir lieu de nouveaux titres, soit pour la perception du dividende, soit pour opérer le trans-

fert. Les extraits d'inscription ainsi timbrés devront être rapportés à notre trésor royal, pour être échangés définitivement avant le 22 décembre prochain.

6. Conformément aux dispositions de l'art. 4 de la loi du 1er. mai 1825, les demandes pour conversion seront reçues, savoir : en 3 pour cent, jusqu'au 5 août prochain inclusivement, et en 4 et demi pour cent, jusqu'au 22 septembre suivant. Le résultat de ces demandes, quant à la quotité des conversions, soit en 3, soit en 4 et demi, sera constaté par procès-verbal et rendu public dans les vingt-quatre heures de l'expiration de chacun des délais ci-dessus.

7. Les propriétaires d'inscriptions 5 pour cent, qui ne demanderont pas la conversion, soit en 3, soit en 4 et demi pour cent, conserveront, sans qu'il y ait de leur part aucune formalité nouvelle à remplir, la jouissance des intérêts actuels et la faculté de transférer le tout dans les mêmes formes et aux mêmes échéances que par le passé.

8. Notre ministre des finances est chargé de l'exécution de la présente ordonnance qui sera insérée au Bulletin des Lois.

Signé CHARLES.

www.ingramcontent.com/pod-product-compliance
Lightning Source LLC
LaVergne TN
LVHW020454230826
846091LV00008BA/3196

* 9 7 8 2 0 1 6 1 5 6 5 3 7 *